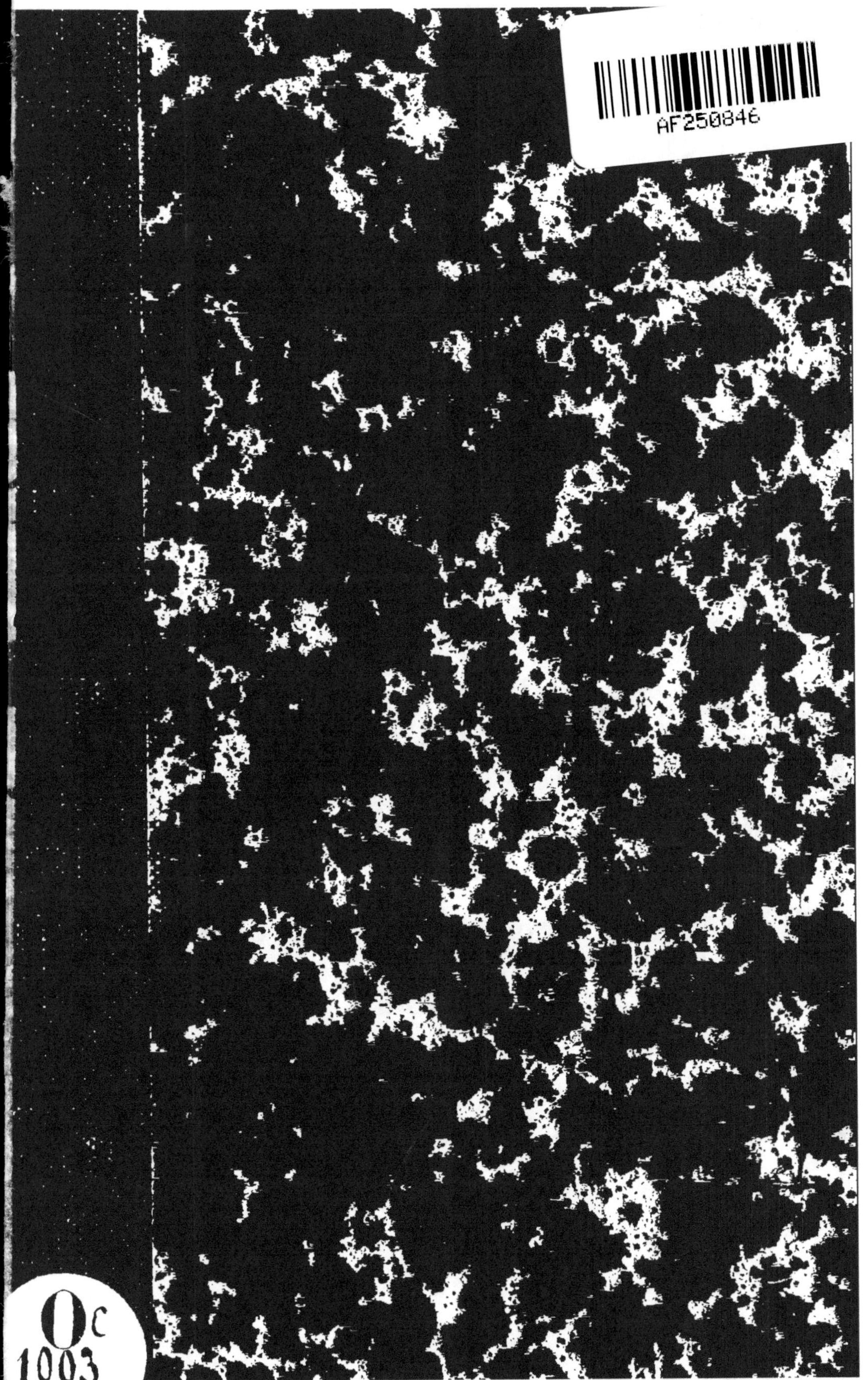
AF250846

L'ESPAGNE DÉVOILÉE.

Paris, imprimerie de Gaultier-Laguionie, rue de Gren.-St-Honoré, 55

L'ESPAGNE DÉVOILÉE,

OU

MÉMOIRE SUR L'ESPAGNE

DANS SA PRÉSENTE

Crise Politique.

DÉDIÉ

AU GÉNÉRAL LAFAYETTE

PAR

LE COLONEL S. DE ROTALDE.

La verité est comme le soleil
qui dissipe les ténèbres.

A PARIS.

1830

AVANT-PROPOS.

Aucun conseil n'a influencé ma pensée, aucun intérêt personnel n'a dirigé ma plume ; et cet écrit, rédigé par moi en langue étrangère, n'a reçu de correction que dans son orthographe et pour la conversion des *espagnolismes*. Ces soins ont été donnés par un des correcteurs de l'imprimerie Gaultier-Laguionie.

Je crois donc avoir le droit de compter sur l'indulgence du lecteur.

AVANT-PROPOS

[illegible] la [illegible] pa[illegible]
[illegible] tant que moi [illegible]
[illegible] que [illegible]
[illegible]age de correction que dans sa typogra-
phie et tant la conversion des [illegible]
[illegible] soit [illegible] des [illegible] les correcteurs
de l'imprimerie à utiliser, [illegible].
Je crois donc pouvoir compter sur
l'indulgence du lecteur.

SAUVEGARDE.

Comme le plus grand malheur de l'exilé est de se trouver privé du témoignage de l'opinion du monde où il avait vécu jusqu'au moment de son exil, de là la nécessité pour lui de justifier par des certificats authentiques, de ses antécédens. J'ai donc, dans ce but, recherché des attestations qui témoignent du caractère de ma personne, et qui, signées de mains amies et ennemies, et portant aussi le seing des différens partis qui ont agité l'Espagne, ne laisseront suspecter en aucune manière l'esprit de justice qui a dicté ces documens.

On aurait tort d'attribuer à un sentiment d'orgueil ou à de vaniteuses prétentions la mise au jour de ces pièces; je ne veux, en les produisant, que m'en faire une sauve-garde

au moment où je vais arracher le masque
d'hommes perfides, qui craignent et mau-
dissent.

L'ESPAGNE DÉVOILÉE,

OU

MÉMOIRE SUR L'ESPAGNE

DANS SA PRÉSENTE

Crise Politique.

PREMIÈRE PARTIE.

Quel est l'état de l'Espagne ?

L'ESPAGNE aujourd'hui, comme jamais nation au monde, est menacée d'une dissolution totale. Courbée sous le joug d'un pouvoir monarchique absolu, froissée par la main stupide et avilissante des moines, c'est une double chaîne qui la lie, c'est une double chaîne qu'elle est prête à briser.

Mais trompée tant de fois dans ses espérances de liberté, rabaissée cruellement dans la poussière pour y être offerte aux coups d'une vengeance atroce; trahie toujours, et long-temps nourrie du germe de la méfiance, de la discorde et du désir de la vengeance, il faut tout craindre si elle se soulève contre le mal présent, sans étouffer avant la semence du mal à venir.

Telles sont les circonstances où se trouve placée la malheureuse Espagne; mais l'imprévoyance en tient peu compte, comptant seulement que si, vieille et décrépite, elle sut conquérir son indépendance, elle saura bien se donner la liberté. Cette opinion est générale, mais cette opinion aura les plus tristes résultats: car le patriotisme exilé croit tout faire en prenant les armes, sans prévoir que le déchaînement des passions est un torrent qui entraînant dans sa course le bien et le mal, fait tout rentrer dans un épouvantable chaos.

Qu'on y réfléchisse avec calme, et on se convaincra que l'Espagne est entourée de précipices, et laisse voir à son centre un abîme prêt à s'entr'ouvrir: il n'est pas possible de les éviter si on marche en foule et en aveugle, parce qu'en se poussant les uns les autres, chacun, à son tour, tombera ou dans le précipice ou dans l'abîme. Pour prévenir ce mal, la raison doit agir avant la force, et la vérité devenir le fumigateur des miasmes empestés qui circulent dans l'air qu'on respire, et qui conduiraient l'état au tombeau, avec la liberté dont on veut le doter.

Que je te plains, Espagne, ô ma patrie! Que ne t'est-il donné, à l'exemple de la France héroïque, d'oser et d'accomplir une aussi glorieuse révolution! Mais quelle prétention à imiter la France! Il n'y a pas de comparaison entre l'état où elle se trouvait au moment de sa glorieuse révolution, et l'état actuel de l'Espagne, pour oser une telle entreprise. La France défendait des lois qu'on voulait lui ravir : l'Espagne doit détruire et réédifier. La France était organisée et n'avait qu'à remplacer les hommes du pouvoir : en Espagne il faut des hommes et régler le désordre. En France le clergé convoitait le pouvoir et les richesses: en Espagne le clergé est tout, à tout, et commande à tout, même aux consciences. En France, parmi les bons citoyens s'est trouvé un roi citoyen: en Espagne il n'y a pas un choix à faire. En France est la richesse : en Espagne la pauvreté...., et malheur aux peuples qui, accablés de misère, mettent, cupides, leur sa-

lut dans les biens des riches et dans les trai-
temens des emplois!

A quoi bon ces déclamations? diront mes
lecteurs. Des faits? les voici : Je commence
par examiner les hommes, et parlerai ensuite
de la pauvreté du peuple espagnol.

L'Espagne, en 1808, gémissait sous le sceptre
du faible Charles IV, pliée sous le joug de son
favori : mais la révolution d'Aranjuez fit connaître aux Espagnols qu'on pouvait se révolter
contre l'autorité suprême (leçon donnée par
Ferdinand). Et depuis ce temps-là, tout a été
révolution et contre-révolution, pendant les-
quelles beaucoup d'hommes qui y ont figuré
ont occupé des emplois d'une manière peu
propre à leur concilier les suffrages de leurs
concitoyens.

C'est au travers des événemens qui suivent
qu'ont été stigmatisés ces hommes.

En 1808, l'Espagne se leva en masse contre
Napoléon qui lui avait imposé un roi; et
quelques hommes d'état, de lettres, et des militaires, croyant qu'un changement de dynastie convenait à l'Espagne, embrassèrent la cause
de Napoléon sans réfléchir que l'homme appartient au pays, et que toutes les fois qu'il
s'émancipe, il perd le droit de citoyen. C'est

pour cette raison que furent nommés *afran-cesados* les Espagnols dévoués au nouveau roi ; et quoique les événemens postérieurs aient justifié en partie leur opinion, ils ne doivent jamais oublier que « le vœu du peuple est la loi du citoyen. » Ces gens entrèrent en France à la rentrée des armées françaises, en 1814 ; et ne durent leur retour en Espagne qu'à l'amnistie des cortès de 1820. Voici donc des hommes de mérite qui furent inutiles à leur patrie et qui le seront encore si on ne chasse cinq ou six hommes qui avaient pris le parti de Napoléon par spéculation, et qui avec insolence ont tenté en 1820 d'arracher le pouvoir, à leur profit, des mains des patriotes.

L'infamie de ces hommes est patente et facile à démontrer ; d'ailleurs, n'en trouverait-on pas la preuve dans leur dévouement à Ferdinand, leurs menées contre les patriotes, et les emprunts faits par eux dans l'intérêt du roi, qu'ils avaient repoussé de leurs vœux lorsqu'ils prirent les armes pour Napoléon ?

Dans cette même guerre de l'Indépendance, survinrent des événemens nuisibles au patriotisme ; parce que des hommes prévoyans, craignant le retour d'un roi despote, établirent une constitution qui assurait au peuple la souveraineté et aux lois leur empire. Ces hommes, pleins d'esprit, de talent et de patriotisme, furent obligés d'émigrer en 1814, et ne revinrent en Espagne qu'à la révolution de 1820. Mais quelques-uns d'entre eux prétendant au sceptre du libéralisme, portèrent sur tout des mains avides, et foulèrent aux pieds, dans leur mépris, ceux qui leur avaient ouvert la porte de la patrie. Ils se firent des ennemis, et pour les combattre, ils déchirèrent leur propre ouvrage, et la constitution devint le retranchement d'un despotisme naissant. Mais croient-ils que la poudre qu'ils jettent aux yeux du peuple, puisse couvrir les traces du chemin qu'ils ont ouvert au despotisme? (1) Ils se donnèrent le nom de libéraux; que ne prenaient-ils celui de despotes. Ils se croient éclairés; ils agirent en aveugles. Ils se disaient politiques, patriotes, législateurs, économistes!!!

On peut ici se faire une idée de leur mérite.

------

(1) Ils disent que le peuple espagnol n'était pas apte à recevoir une réforme et jouir de la liberté. Voulaient-ils dire par réforme, la misère à laquelle ils ont réduit le peuple? Comment entendaient-ils la liberté? il n'y avait que tyrannie, oppression, esclavage!

Amnistie aux afrancesados, sans leur donner de quoi vivre, ni de part aux emplois.

Amnistie aux factieux pris les armes à la main contre les constitutionnels.

Amnistie aux traîtres de 1814, surnommés *Persas* pour avoir donné au roi (en qualité de membres des cortès) la protestation contre la constitution; acte qui établit légalement le despotisme, et que le peuple fut obligé de reconnaître. D'un côté et en faveur des ennemis de la patrie, des amnisties sont prononcées ; de l'autre on poursuit Riégo, le héros de la liberté ; on disperse l'armée libératrice, on promulgue des lois sévères contre les patriotes. Tels furent leur politique, leur patriotisme et leur sagesse. Leur économie est si remarquable, que les générations qui s'élèvent ne pourront payer leurs dettes. L'Administration fut désorganisée, et tout mis en confusion; confusion qui apportera de nombreuses entraves à la régénération du pays! Et comment ne pas trouver de difficultés, quand les dettes sont immenses et les ressources nulles! Nulles dis-je, parce que ces fameux économistes, au lieu de partager entre le peuple les terres des moines, et entre les fabricans les bâtimens sous la condition de rentes à payer, vendirent « pour rien » d'immenses propriétés à des spéculateurs nationaux; et l'on gréva les biens de l'état de lourdes hypothèques, et ses meilleures rentes subirent des emprunts ruineux. Il en résulte que le mot « *constitution restaurée* » sera une charge pénible pour les Espagnols, et le motif de beaucoup de dettes et d'obligations qui rendent impossibles toute vente de biens et toute imposition de contributions. Et ceux qui ont causé tant de maux et de désordres, seront-ils dignes d'occuper le ministère et de diriger les affaires? Je ne le pense pas; et tous ceux qui leur prêteront assistance dans l'exécution de leurs projets, seront stigmatisés comme complices de leurs basses intrigues : intrigues, dis-je, parce qu'en relations avec les spéculateurs des *bons cortès*, ils trouvent facilement de l'argent, et que les Espagnols, pleins de foi, de confiance dans l'assurance de grandes ressources, proclameront la constitution, sans prévoir que cette proclamation sera l'acceptation, la ratification des erreurs passées. Veillez donc, Espagnols, et ne vous laissez pas tromper de nouveau par ceux qui vous ont ruinés, et forcés à fuir le sol de la patrie.

La nullité de ces gens me paraît bien démontrée, et si je reviens sur mes pas, ce n'est que pour dénoncer d'autres coupables, dont l'opinion fera justice à leur tour.

Dans la même année 1814, la cause qui fit sortir d'Espagne les personnes dont je viens de parler, paralysa aussi les efforts patriotiques d'un grand nombre de militaires couverts de gloire, et d'hommes publics d'un mérite recommandable. Ferdinand VII rentra, frappant tout ce qui avait fait du libéralisme, et méconnaissant les sacrifices du patriotisme : tout alors pliait à sa voix et selon son désir. C'est alors que de braves militaires, des employés pleins de savoir et d'expérience, dont la solde et les émolumens étaient la seule ressource, des diplomates les plus éclairés, se virent contraints non seulement de comprimer tout sentiment de liberté, mais encore de faire preuves contre elle d'une haine qu'ils étaient loin de lui porter. Aussi la renaissance de la constitution les en déposséda-t-elle, malgré leurs plus franches protestations, et se virent-ils rejetés, à leur plus grand désespoir, parmi les royalistes.

La nation perd en eux des hommes remarquables dont la sagesse et le dévouement auraient pu hâter sa régénération.

Inquisition..., tyrannie..., oppression..., cortége si redoutable du despote, doivent le suivre dans sa chute.

Cependant on ne voit encore ici que des intérêts secondaires dans les besoins du peuple. Nous revenons à l'époque où la plupart des hommes publics, par une criminelle conduite, attirèrent sur eux le mépris des bons citoyens.

Tout le monde sait que la révolution de 1820, héroïque dans toutes ses parties, passa malheureusement de la pratique aux théories des émigrés de 1814. On a déjà pu se faire une idée de leur conduite : et, envieux de la gloire de la révolution, ils furent injustes envers ceux qui les premiers avaient donné la liberté à leur patrie. De là les grandes secousses qui ébranlèrent jusqu'en ses fondemens l'édifice constitutionnel, et renversèrent la *colonne de l'union*.

.... Plongés dans une morne affliction, les patriotes tournèrent alors leurs regards vers l'assemblée des cortès, espérant y trouver un port de salut. Mais quel fut leur désespoir quand ils les entendirent se déclarer en faveur du ministère. Alors se brisa le frein de l'obéissance; l'on n'entendit que clameurs publiques; les patriotes laissèrent percer partout leur mécontentement. Le clergé, à la faveur du tu-

multe, releva audacieusement la tête et cons-
pira ouvertement; signalant comme seuls motifs
de désordres les plaintes amères des libéraux,
et les doctrines et opinions divergentes des
partis; partis qui s'accordant sur les principes
différaient seulement d'opinion sur les moyens.

Le clergé, prenant prétexte de ces désordres,
et donnant un texte politique à ses sermons,
cherchait à séduire et diriger selon ses vues les
esprits faibles de la multitude; et les moines
descendus du rôle d'assistans à celui d'assistés,
ne craignaient point de tendre la main à l'au-
mône du pauvre qu'ils avaient eux-mêmes se-
couru, et cela avec l'intention perverse de remuer au fond des ames des sentimens de
compassion qu'ils espéraient exploiter à leur
profit. Les factieux surgirent alors, soutenus
dans l'impunité du crime, et frappèrent la patrie au cœur; criant : meure la patrie (1)!

L'opinion publique désignait en vain les coupables; sa voix ne fut pas entendue. Les cons-

---

(1) Le bas-peuple remarquait que les membres du gouvernement, en commettant toutes sortes d'injustices,
criaient vive la patrie, et les factieux crurent bien faire
en prenant l'inverse du mot.

pirateurs eurent le champ libre, l'on poursuivit l'*exaltation* (1). Des lois restrictives de presse et de pétition furent promulguées..... Des limites furent marquées aux sociétés patriotiques....., et des peines sévères et des formules ridicules imposées aux tribuns. Mais tant de lois supplémentaires ou contradictoires à celles du code proclamé, prouvèrent, ou que la constitution n'avait pas eu elle-même des lois pour protéger les constitutionnels, ou que ce n'étaient pas des constitutionnels qui devaient la garantir. Les lois donc tombèrent dans le mépris. La constitution cessa de colorer l'avenir de son séduisant prestige.

La méfiance et la crainte s'emparèrent des esprits, et donnèrent beau jeu au servilisme pour forger ses chaînes.

Les sociétés secrètes, de leur côté, ne contribuèrent pas peu à rendre plus pesantes les cruelles chaînes de l'esclavage. Cruel souvenir qui fait frémir ceux-là même qui de bonne foi et avec des intentions droites, ont fait partie de ces clubs!!!

---

(1) Mot inventé pour faire prendre le change aux bons citoyens, et les maîtriser.

Francs-maçons réguliers... Francs-maçons irréguliers... Comuneros... Indiennes... Charbon-
nières... et Numantinos, furent les sectes ou
sociétés secrètes qui s'organisèrent dans le
royaume, et dont les fondateurs avaient l'intention de faire un retranchement à l'opinion.
L'intolérance et le fanatisme religieux ne furent
rien en comparaison du fanatisme et de l'intolérance que déployèrent les sectaires politiques.
Ils poursuivirent comme des sacriléges ceux qui
ne leur étaient pas soumis; et bientôt la mesure
des maux fut comblée : les liens de la société
furent entièrement brisés; et (j'ai horreur de le
rappeler) la voix de la nature fut méconnue...
Les pères repoussaient leurs fils... Les frères
leurs frères... et parens et amis de se maudire
et se courir sus! Un ministère en remplaçait
bientôt un autre, et la déchéance servait de
trophée à une nouvelle élection. La corruption
était à son comble; le parjure et la délation (1)
servaient de degrés pour arriver au pouvoir.

---

(1) Ceux qui faisaient une spéculation des sociétés
secrètes, passaient des unes aux autres, en dénonçaient
les actes, et en vendaient les secrets; services importans,
que les ministres reconnaissaient par de l'argent et des
honneurs.

Il suffisait de se déclarer partisan du ministère pour en être aussitôt gratifié. La morale et
le patriotisme étaient comptés pour rien dans
l'admission aux sociétés secrètes; le nombre
seul intéressait les directeurs; voilà pourquoi
les actions les plus impures se purifièrent dans
les sections secrètes de leurs discussions. Et
plût à Dieu que cela eût été le seul mal qui
en résulta!

Telle fut la cause des maux qui pesèrent sur
les libéraux d'Espagne; mais comme il est impossible de se former une idée de ceux produits
par les sociétés secrètes, je crois devoir entrer
ici dans quelques détails qui feront connaître
leur caractère, leur ordre, et le but de leur
institution.

Les francs-maçons en Espagne, comme ceux
des autres nations, n'avaient pour objet que
« d'élever des autels à la vertu, et de creuser des
cachots pour le vice. » Le nombre des francs-
maçons, en Espagne, avant l'année 1820, était
très faible; la plupart étaient enfermés dans les
souterrains de l'Inquisition et ne furent mis en
liberté qu'à la révolution de cette année. A cette
époque les afrancesados et les émigrés de 1814
rentrèrent en Espagne, et alors le nombre des
francs-maçons augmenta; mais considérant que

les réunions secrètes seraient nuisibles à la liberté déjà établie, ils cessèrent de se réunir, et cette résolution que le bien avait fait prendre eut le mal pour résultat, en ce que les francs-maçons irréguliers organisèrent des loges pour leur propre soutien. Les frères réguliers, à la vue du danger, appelèrent à *l'ordre*, mais trois frères eurent la bassesse de demander que les francs-maçons fussent contraints de soutenir de tous leurs moyens le ministère des Argüelles; sur un refus, qui fut unanime, ils se parjurèrent et ouvrirent une loge *schismatique indépendante de tout grand-Orient*.

Cette franc-maçonnerie schismatique ou irrégulière, avait toutes les formules et cérémonies des vrais francs-maçons patriotes initiés, que des formes spécieuses de libéralisme entraînaient à devenir les instrumens des passions des fondateurs, qui instituèrent un souverain chapitre (soberano capitulo,) composé d'eux-mêmes, pour commander aux ministres et aux cortès; comme de fait cela fut justifié par un pamphlet publié *par* M. Galeano et sous son nom, où, *pour faire un coup d'éclat* du pouvoir de la franc-maçonnerie, il déclara *tout nettement* : » que lui, les ministres, et la plupart des dé-

» putés ou cortès, étaient des francs-maçons. »
Les patriotes frémirent..... et les suïtes ont
prouvé que le bon sens manquait à l'historien,
parce que les paysans qui n'avaient pas encore
répudié les vices de leur éducation, eussent eu en
horreur l'idée d'être gouvernés par les réprouvés
de Dieu et de l'église : cette opinion acquérait
encore plus de force parmi les ignorans quand
le même gouvernement constitutionnel, par
hypocrisie ou *mal-entendu politique*, eut proclamé une loi très sévère contre les sociétés
secrètes.

[Cette franc-maçonnerie schismatique, qui,
depuis la restauration, avait fait le mal, avait
entre les mains le pouvoir et la direction des
affaires depuis le 7 juillet 1821, jusqu'à la perte
de la liberté en 1823; et les talens, les intentions et les vertus des directeurs ont une teinte
bien rembrunie dans les annales de la liberté
perdue.

Quelques vigilans patriotes craignant le danger de la liberté dans la formation et organisation
de la franc-maçonnerie schismatique, créèrent
la société des Comuneros *pour faire un contre-
poids à leurs cabales :* mais cette société des
comuneros fut *purement patriotique*, sans les
rites, formules, ni *mystères* maçoniques, et le

peuple ne jugea mal de son institution que quand il vit les hommes s'entrechoquer et l'irritation ou exaltation des Comuneros contre les cabalistes qui déclamaient du haut du pouvoir contre les actes et mesures des Comuneros, et qui en les apostrophant d'*exaltados* et de *désorganisateurs*, firent croire aux inexpérimentés et à la masse de la nation, que tout le mal venait des Comuneros.

Les Comuneros étaient gouvernés par une *assemblée* (Parlement), composé de *procuradores* (députés), qui s'assemblaient à Madrid dans un lieu connu; ils avaient pour but le salut des libertés publiques. » Cette assemblée eut pour président (comendador), jusqu'au 7 de juillet 1821, le général Ballesteros, époque à laquelle il en fut séparé et ne chercha même plus à y rentrer comme simple Comunero. La confédération avait une force si puissante, qu'elle pouvait mettre sous ses armes plus de 100,000 hommes; mais à l'entrée des Français, ils furent trahis par leur président, qui, d'accord avec les francs-maçons schismatiques, y apporta la méfiance, y mit la désunion, et ordonna enfin la clôture ou dissolution de la confédération; il fit ensuite un appel aux *Comuneros*, les invitant à s'unir aux francs-maçons schismatiques sous la forme d'une autre société appelée les *Numantins*. Les Comuneros, tombés dans l'isolement et le mépris, furent persécutés par les chefs et employés du gouvernement. C'est ainsi que finit la confédération des Comuneros. Sa désorganisation, si l'on en recherche la cause, doit être plutôt attribuée aux vices de quelques individus, qu'à ceux de l'institution.

Les Indiens. Ils formèrent une société pour défendre les intérêts de l'Amérique, qui devint libre et indépendante après que leur société eut fait le plus grand mal à la liberté de l'Espagne, en unissant leurs travaux à ceux de la maçonnerie schismatique dès sa naissance : car il est évident que sans le vœu (voto) des députés américains, les fondateurs des francs-maçons schismatiques n'auraient pas réussi à maintenir les ministres qui portèrent le coup mortel à la liberté ; mais la société des Indiens s'étant unie à la loge schismatique, emporta de vive force aux cortès, d'accord avec elle, les votes dont le patriotisme eut tant à souffrir. Les Indiens furent trompés par les membres schismatiques, qui rejetèrent les propositons raisonnables des Américains. Une union étroite aurait pu se former entre ces deux pays, si la mauvaise foi des schismatiques n'eût point fait fuir les Américains indignés, qui repassèrent en Amérique, et y proclamèrent l'indépendance.

Les Carbonallos. Je n'ai qu'un mot à dire des *Carbonallos*. Institués par les réfugiés italiens, ils comptèrent peu d'adeptes. A peine fut-il question d'eux. Ils firent cependant partie des *Exaltados*, et furent victimes de leur dévouement.

Les Anilleros (Anneaux) étaient des gens modérés, spéculatifs, toujours prêts à s'agenouiller devant le pouvoir. Ils n'avaient en vue que les plaisirs et jouissances de la vie (dîners, bals, soirées). Peu capables d'enthousiasme, ils laissaient à d'autres la gloire des sacrifices et des élans généreux. « Obéissance au gouvernement, » là se trouve toute leur conduite politique.

Ils s'unirent en 1822 aux schismatiques, dans le but de donner les formes de la Charte française à la constitution. La plus grande partie des membres *anilleros* occupent des emplois sous Ferdinand VII.

Les Numantinos. Ils n'étaient pas plus nombreux que « les apôtres adorant leur Indus. » Et quoiqu'ayant pour devise : *vaincre ou mourir*, ils prirent la fuite, poussés par l'instinct de leur conservation.

Les sociétés secrètes, comme on vient de le voir, perdirent les patriotes, en se soumettant, séduites par de vaines formes de liberté, au joug que leur imposèrent des chefs hypocrites.

Honte et mépris à ces Espagnols indignes qui firent marché, dans leur lâche servilisme, du noble sang des libéraux!!! Malédiction sur ces hommes faibles qui desservirent une si belle cause!!! Honneur! honneur à ces héros martyrs qui se réjouirent de mourir pour elle!!!

Les ennemis de la liberté..., les espions..., et les émissaires du gouvernement français obtenaient facilement entrée dans les sociétés susdites (1) : et l'argent de la Sainte-Alliance circulant sans être aperçu, corrompit les membres

––––––––––

(1) Quelle fut ma surprise quand étant enfermé au fort de Têtes à Briançon en 1823 et 1824, je vis M. Tampour, chef de bataillon, qui venait relever la garde du château. M. Tampour était à Madrid du temps de la révolution. Il avait obtenu des lettres de citoyen comme capitaine Napoléoniste émigré ; il établit à Madrid une fabrique de chapeaux... Il fut volontaire dans les milices nationales... Il appartenait aux sociétés secrètes.... et son jeu patriotique fut si remarquable qu'il se trouvait

du corps social, qui fut bientôt lui-même privé de mouvement.

Une si faible ébauche suffit pour faire apercevoir la cause de la confusion et du désordre qui régnaient en Espagne vers la fin du gouvernement constitutionnel; et que la contre-révolution, dirigée par une main hardie et une imagination féconde, avait su profiter des premières erreurs des libéraux pour semer la discorde.

C'est ainsi que triompha la France dans l'injuste guerre qu'elle fit à l'Espagne libérale; non par les combats qu'elle livra, mais par les insidieuses machinations des indignes fils de la patrie, qui pour défendre leurs emplois avaient prostitué honneur et civisme. Telles furent les causes auxquelles le cabinet des Tuileries dut l'applanissement des obstacles qui devaient être opposés à l'invasion du sol espagnol : et ce qui étonna le plus le monde, fut de voir les bataillons français traverser l'Espagne comme étant à la fois libérateurs, serviles, et libéraux. Mais.

---

partout le poignard levé *contre* les *tyrans*... Il alla jeter des pierres contre la maison de l'ambassadeur de France. Sa mission fut bien remplie, et il fut nommé commandant à l'armée d'Angoulême ! ! !

cela n'avait rien de surprenant; mille périls en-touraient les Espagnols. Les serviles, peu nom-breux et peu comparables aux libéraux en fait de courage, reçurent les Français en alliés; en même temps que les libéraux, désorganisés et abandonnés de leur lâche gouvernement (1), s'imaginaient que les Français que commandait d'Angoulême, étaient des Français de la Répu-blique qui refuseraient de les asservir : mais quoique les Français eussent à cœur le senti-ment de la liberté, ils étaient sous la conduite du despotisme, et ils ne pouvaient éviter d'obéir sans recourir à l'insurrection. Les libéraux en Espagne avaient-ils d'ailleurs une volonté déci-dée? Certainement non : ceux qui composaient la faction dirigeante avaient des idées si vagues et si incohérentes, qu'ils auraient accepté égale-ment la dictature, ou le consulat d'une répu-blique, ou la Charte française, pour arriver au ministère ou à la pairie, afin seulement de

----

(1) Le gouvernement déclara la guerre à toute l'Eu-rope; et pour justifier sa fuite avant l'invasion, déclara aux cortès que le gouvernement n'avait pas même le moyen d'arrêter la marche d'un détachement français, qui pouvait arriver à Madrid sans être vu ni entendu.

conserver le pouvoir. Dans les armées l'esprit était constitutionnel, mais il y avait plus de risque à se battre pour la faction qui s'était emparée du gouvernement, qu'à sacrifier un ou deux articles de la constitution. Les uns trompés, les autres trahis, tous capitulèrent. Quelques uns se soumirent à la neutralité la plus ridicule dans les annales de la liberté. Dans les places, les villes, les armées, il y avait des *Exaltados* qui voulaient l'intégrité et le libre exercice de la constitution sans intervention étrangère, et sans les entraves d'un roi conspirateur. Ils furent dispersés par le même gouvernement des cortès ; et isolés, sans appui, chassés de toutes parts, et se défiant les uns des autres, effet des calomnies déversées du haut du pouvoir (1), ils furent con-

---

(1) Le gouvernement des cortès prononça la prison et l'exil des *exaltados* les plus prononcés, les déclarant agens de la France ; et l'iniquité fut portée jusqu'au point de promulguer une loi à Cadix, par laquelle le gouvernement était autorisé à poursuivre, emprisonner et condamner sans procès ni responsabilité « ceux qu'il croirait suivre le parti de l'ennemi. » Cette loi captieuse fut appliquée aux *exal-*

traints d'accepter comme une grace la sauve-
garde des Français.

Je demande ce que pouvait faire l'armée
française au milieu d'un cercle où chaque
point était de matière hétérogène, impropre
à l'amalgame? Elle ne pouvait faire autre chose
que ce qu'elle a fait : et en toute justice, il faut
dire que si les Français bouleversèrent la constitution en Espagne, ils agirent en libéraux
envers les constitutionnels.

L'Espagne libérale tomba donc en ruines,
et ce qui est plus déplorable, c'est qu'en tombant elle priva un grand nombre de patriotes
même du soulagement de la plainte contre les

---

tados : moi-même, 4 heures après sa publication, je fus
arrêté, en plein théâtre, par une compagnie de grena-
diers, mis en prison... embarqué... remis aux ennemis ;
qui me conduisirent comme prisonnier d'état à Brest,
sur le brick le Curieux... transporté de prison en prison
jusqu'aux Hautes-Alpes... enfermé au fort des Têtes à
Briançon et un an et demi après conduit de prison en
prison jusqu'à Calais. — Oh! comme la protection du
gouvernement Français à mon égard a prouvé la bonne foi
de la loi des cortès ! ! !

traîtres, puisque eux-mêmes par surprise, ignorance et une confiance mal placée, avaient servi les ennemis de la liberté.

C'est ici que se termine l'ère de la liberté. Si pour la restaurer on doit tout pardonner, si l'on doit entrer sans distinction dans des voies franches, il faudra admettre qu'Abisbal, Murillos, Ballesteros, ont le même droit au pardon que d'autres chefs qui avec de grands commandemens n'agirent pas mieux. Mais si la justice et la prévoyance patriotique prononcent contre les traîtres, bien certainement elle ne traitera pas mieux ceux qui ont fait autant et même plus de mal qu'eux.

Quoique je n'aie fait qu'en raccourci le tableau des différentes incapacités, on aurait tort de croire que la vérité lui manque. Leur nombre, du reste, est petit; puisque à part cinq à six individus indignes du nom d'Espagnols, parmi les *afrancesados*, le reste, plus à plaindre qu'à repousser, peut être rallié, avec avantage pour elle, à la cause de la liberté.

Si des fondateurs de la constitution, émigrés en 1814, et désorganisateurs de la même constitution en 1820, on exclut un nombre égal, le reste n'offrira plus que des patriotes les plus zélés.

Ceux qui sans être factieux ont servi la royauté, viendront bientôt s'offrir à des liens de concorde; restera donc le faible nombre de ceux que le pays aura jugés peu dignes d'acquérir une part glorieuse dans sa périlleuse régénération.

Dans la faction qui s'était emparée du pouvoir, après la glorieuse journée du 7 juillet, où la garde royale tomba sous les coups des *exaltados*, l'Etat et la liberté ne comptent d'ennemis que les ministres qui, au mépris des lois et contre le vœu public, reprirent le timon des affaires et empêchèrent la rentrée de ceux qui, conciliateurs des esprits, inspirant toute confiance, étaient appelés par la patrie à faire la guerre à la France.

Les généraux traîtres ou lâches devant l'armée française sont bien sûrs de ne pas trouver de partisans, pas plus que trois ou quatre députés qui ont désuni le congrès, et cinq ou six des membres spéculateurs des sociétés secrètes, dont les intrigues ont donné aux intérêts patriotiques une fausse direction.

On voit par ce qu'on vient de lire qu'une quarantaine d'hommes seulement doivent cesser de faire nombre parmi les libéraux.

Et si je suis décidé à taire leurs noms, ce n'est

ni par crainte, ni par le respect qu'ils m'inspirent, mais bien par le dégoût qu'il me faudrait éprouver en les écrivant. Leurs plaintes, d'ailleurs, contre cet écrit, les feront assez connaître. Ils disent déjà : « Nous sommes des émigrés, » comme pour justifier de leur patriotisme; mais Abisbal, Murillos, Ballesteros, sont des émigrés aussi, et, il faut le dire, c'est à la duplicité de Ferdinand qu'ils le doivent; c'est en manquant alors à sa promesse (seule chose louable qu'il ait faite en sa vie), que Ferdinand leur fit prendre ce nom, qui leur a profité à l'étranger, mais dont le temps vient détruire le bénéfice.

Ce n'est point devant des juges qu'il faut conduire tous ces hommes; ce n'est point au bourreau qu'il faut les livrer! L'opinion publique les a flétris, et cette flétrissure est la juste punition de leur orgueil. Que l'Espagne leur soit ouverte, qu'ils y fassent ce qu'ils voudront; ils n'y auront plus le pouvoir. Les étrangers, je l'espère, sont désabusés, et ne mettront point leur confiance et leur or dans *des mains impures.*

Que la culpabilité de ces hommes est grande! Quoi! ils ont cru faire de la légalité en se réunissant au nombre de seize à Paris, pour nommer une régence à l'Espagne...; quelle insolence! seize réfugiés nommer un gouvernement pour

toute une nation, sans consulter même la volonté des autres réfugiés!!! Et quels étaient ces
chefs élus? Gens de la faction liberticide. Le
crime est grand, et plus grande encore la per-
versité qui ranime les haines, et tente de nou-
velles divisions. Heureusement pour l'Espagne,
les émigrés ont vu l'intrigue et l'ont méprisée.

Enfin, ce qui est certain, c'est que les réfugiés
espagnols sont unis entre eux. Les partis et les
clubs ne sont l'objet des vœux que des crimi-
nels dont le retour ne peut avoir lieu qu'à la
faveur du trouble et du désordre qu'ils cher-
chent à répandre à leur profit.

Mais il ne m'appartient pas de faire ici le
prophète, c'est assez d'être l'historien des ennemis de la liberté de mon pays : les hommes
sont éclairés; et les émigrés ont acquis beaucoup trop d'expérience pour admettre comme
représentation nationale le choix que les intrigues de quelques misérables tendent à leur
faire approuver. Il me reste à parler maintenant
de la pauvreté du peuple espagnol, que j'ai
annoncé devoir exposer dans cet écrit.

Pauvreté.

La pauvreté de l'Espagne dépend beaucoup

de circonstances mal comprises à l'étranger, où on attribue au caractère national ce qui est la faute du gouvernement. Pour reconnaître l'erreur d'une si fausse opinion, il suffit de n'être pas envieux ou ennemi d'un si beau pays. En voici les preuves :

1°. La surface du territoire espagnol est divisée en sept parties : trois du clergé ou moines... une de la noblesse... une des *encomiendas* (pour les chevaliers des ordres militaires, etc.)... une des coteaux royaux et *valdios* de la couronne..., et une autre des laboureurs propriétaires. En voyant une division si disproportionnée à l'équilibre et à l'entretien de la société, on doit bien comprendre que le peuple non-seulement doit être extrêmement pauvre, mais que l'inflence et le pouvoir doivent se trouver entre les mains des possesseurs des quatre septièmes parties du tout : raison par laquelle le clergé *déclare tenir du droit divin les dîmes et prémices*, et se croit le droit de tirer le dixième de toute propriété, de toutes les productions de la terre, sans déduire les valeurs des semences et du labourage; de sorte que la part des nobles, celle des encomiendas, et celle des propriétaires, paient au clergé plus de 33 pour cent de leur revenu, c'est-à-dire que ces trois parts équivalent à une partie des trois citées : ainsi le clergé peut dire qu'il est possesseur des quatre septièmes parties du territoire; et de plus, dans les villes et villages sur cette surface, la plupart des maisons et bâtimens sont chargés de *censos* ecclésiastiques pour des messes à dire au repos de l'ame des testateurs, et même beaucoup d'édifices sont des propriétés ecclésiastiques.

Et comment le clergé, si riche, fait-il supporter au peuple espagnol un joug si lourd? Est-ce par le fanatisme? Non : c'est en versant une partie de sa colossale richesse qu'il entretient le peuple, afin de le maintenir dans une dépendance indéfinie sous le rapport de l'éducation et de la foi, « de ne pas être envieux des biens d'autrui, » et de justifier cette maxime : » bienheureux les pauvres d'esprit, » doctrine soutenue par le despotisme allié au clergé. Un tel état de choses dépend-il du caractère du peuple, ou la force le lui impose-t-elle?

La pauvreté est plus grande que jamais, parce que lorsque l'Espagne possédait l'Amérique, elle devenait l'entrepôt des marchandises étrangères en échange des produits et métaux coloniaux; mais l'Amérique ayant cessé d'être à l'Espagne, et les Espagnols ayant perdu les moyens d'écoulement du numéraire, cette réunion d'obstacles a amené la décadence de la puissance financière de l'Espagne.

Pour défendre ma patrie contre ceux qui la disent non industrieuse et qui la taxent d'inertie, qu'un économiste trouve donc le moyen de placer un article qui lui revient à 10 francs, manutentionné dans le pays, plutôt qu'un autre de même qualité, du prix de 1 franc, fabriqué dehors. Oh! Messieurs les critiques, allez en Espagne et vous verrez que les dîmes, les impôts, les contributions rendent si chères les denrées, et les journées des ouvriers, qu'il est impossible de monter une fabrique et donner pour 1 fr. ce qui coûte 10 fr. Et il est bien prouvé par l'exemple qu'il est impossible d'exercer une industrie en Espagne avec profit, quand tant d'industriels Français, Anglais, et de toutes les nations du monde, à qui les ressources manquaient chez eux, ne vont jamais en Espagne dans le but d'y monter des fabriques.

3°. La misère se fait plus fortement sentir en ce que le quart de la population de l'Espagne est à la solde du gouvernement; et comme elle n'est pas régulièrement payée, de là la misère qui y règne : et c'est chose la plus juste et la plus naturelle que ce quart vive aux dépens du gouvernement, qui ne pourra jamais s'acquit-

ter (quelle que soit sa forme et dénomination)
des obligations sacrées contractées par la patrie. Je démontre ci-après l'origine de cette foule de salariés.

La guerre de l'indépendance coûta les plus grands sacrifices; mais l'on ne s'en aperçut qu'à la paix. Alors rentrèrent en Espagne les prisonniers, et on trouva que chaque régiment avait une centaine de capitaines, et un millier de subalternes, par la raison, toute simple, qu'en tombant prisonniers on en avait fait de nouveaux. Ajoutez à cela les militaires et employés chassés de l'Amérique lors de son affranchissement, et retournés en Espagne; et l'on pourra se faire une idée de la quantité immense de gens de guerre inutiles qu'il faut entretenir; car ces militaires ne peuvent se passer de la solde du gouvernement, ayant consacré leur jeunesse et leur patrimoine au service de l'Etat. De plus, les veuves, les orphelins de tant de militaires morts dans la guerre de l'indépendance, accroissent le budget de la guerre : de telle façon qu'on ne pourra faire de réformes sans répandre la mort et l'affliction dans la société. C'est au reste une charge qu'il faut supporter, et ce n'est qu'à la suite des temps qu'on se trouvera déchargé du poids des soldes multipliées ; soldes multipliées non seulement dans la partie militaire, mais aussi dans les autres administrations, et surtout dans celle des finances, où chaque système a placé et déplacé des milliers d'hommes, qui tous employés ou non employés sont restés à la solde de l'Etat.

Aucun régénérateur, je pense, ne voudra réduire tant d'individus à la mendicité.

****

SECONDE PARTIE.

———◆———

Quels sont les ennemis à combattre et les obstacles à vaincre pour rendre la liberté à l'Espagne.

L'ingrat Ferdinand règne en Espagne, et sa
perfidie le constitue l'esclave d'une riche et formidable faction (le clergé), qui à l'ombre du
trône, cache ses crimes nombreux.

Il est donc évident que l'existence de la caste
dégénérée (la dynastie) des Bourbons rend la
monarchie espagnole *vieille* et *caduque*, sans
que la fécondité de la nature puisse la rajeunir,
à cause des entraves oppressives de ceux qui se
disent inspirés de Dieu , et qui par de fausses
décrétales s'étaient déclarés les arbitres des nations. C'est ainsi que le clergé, une fois parvenu
à l'opulence, et profitant de l'influence qu'il
doit à des siècles de barbarie, se trouve maintenant exposé à tout perdre si la nation triomphe, ou bien à tout sacrifier pour prolonger sa
monstrueuse existence sous l'égide d'une stu-

pide et ridicule légitimité, qui s'oppose aux progrès de la civilisation.

Par cette raison, le clergé fournira au roi, pour faire la guerre aux libéraux, les trois grandes nécessités de la guerre : *argent, hommes* et *récompenses.*

Pour de l'argent il est évident qu'il en a, parce que 200,000 hommes possesseurs des quatre septièmes parties du territoire, qui a quatorze millions d'habitans, doivent, sans compter les rentes annuelles, avoir fait d'immenses économies et tenir en réserve des sommes incalculables ; puisque à la richesse du territoire ils joignent les droits d'étole, des sacremens, d'aumônes, de la fabrique, et tant de contributions qui tiennent l'homme imposé depuis sa naissance jusque long-temps après sa mort. Je suis donc intimement convaincu que le clergé d'Espagne a plus d'or et d'argent que ce qui circule en France : et qu'on ne trouve pas cette opinion ridicule : j'ai vu moi-même et je suis descendu dans le puits où l'on jette l'argent et l'or des articles sans usage en l'église de Saint-Jacques-en-Galice ; l'encombrement était surprenant, et c'était un an après l'évacuation des armées de Napoléon !

Une fois qu'on a de l'argent on se procure vite

des hommes, et ils ne manquent pas en Espagne où la pauvreté est si générale.

Quant aux récompenses, personne ne va plus loin que le clergé, qui donne jusque dans l'autre monde et même pour l'éternité. Qu'on se figure un peuple désœuvré qui, sans fanatisme, voit dans les prêtres non les ministres de Dieu mais seulement les hommes riches et éclairés de la nation qui lui donnent de l'argent, et lui expliquent des faits que le peuple lui-même a vu se passer devant ses yeux, et on se convaincra des difficultés que les libéraux rencontreront à déraciner le despotisme et l'erreur toute-puissante.

De ce raisonnement on voudra déduire que le peuple espagnol n'écoute pas la voix de la raison.....; fuit les lumières de la civilisation....., et rejette les dons de la liberté.

Avancer que l'Espagne se trouve trop en arrière sur la route de la civilisation pour la soumettre aujourd'hui à des réformes, c'est attribuer à son ignorance la catastrophe du système constitutionnel, tombé comme par enchantement à la seule présence de l'armée française; mais si de bonne foi on remonte à l'origine des faits, on se convaincra facilement qu'une nation qui sans appui étranger, proclama en 1820 une constitution libérale, ne put quatre années après la détruire par fanatisme et faute de civilisation.

Admettant le principe métaphysique : que l'imbécile est nul même pour ses intérêts ; que le fanatique admet tout sans preuves en religion, parce que ses idées s'arrêtent à la foi ; et que l'ennemi des réformes ne pense qu'à la conservation des anciennes formes ; il faut pourtant se demander « comment il se fait que le peu-
« ple espagnol proclama spontanément la cons-
« titution, déjà abolie par des décrets épouvan-
« tables de la légitimité royale et par des excom-
« munications ecclésiastiques. »

Cet acte prouve jusqu'à l'évidence que la nation éprouvait la nécessité d'une réforme, et le peu de cas que faisait le peuple des bules du pape et des excommunications ecclésiastiques. Peut-on donner à cette nation le nom de fanatique ? Admettrait-on que les lumières lui manquent pour discerner le bien du mal ? Faire en 1820 l'œuvre la plus éclatante de sagesse et de libéralisme, et en 1823 couvrir cette œuvre de ses imprécations, c'est le fait d'un peuple libre auquel les cortès apportent de nouveaux fers. Oui, je ne crains pas d'avancer, et personne ne pourra me contredire, que l'époque du plus rude despotisme en Espagne fut celle qu'on appela « du régime constitutionnel : » le charlatanisme avait su s'asseoir au premier rang ; la flatterie et l'infatigable souplesse lui servaient d'escorte. Du charlatanisme à la tyrannie, le pas ne fut pas long à faire, et l'immoralité devint telle, qu'on en arriva presque à regretter Ferdinand et sa clique monacale.

Bien que placée dans des circonstances aussi défavorables, la nation espagnole aurait pu se défendre contre l'agression étrangère, si des ministres imbéciles et prévaricateurs n'eussent étouffé toute ardeur martiale, déclarant la guerre, et ayant recours à une fuite honteuse, après avoir manifesté en pleins Cortès « que le « gouvernement constitutionnel n'avait pas seu- « lement les moyens d'arrêter la marche d'un « détachement de l'armée française, qui pouvait « arriver à la capitale de l'Espagne sans être vu « ni entendu. » Je le demande aux gens sages : des hommes privés de l'appui du gouvernement, et se suspectant les uns les autres, étaient-ils en état d'organiser une résistance contre une armée formidable lancée sur l'Espagne, au cri per- « fide de aide et protection contre l'anarchie ! »

Tel était le véritable état de l'Espagne, et je cite le témoignage d'un royaliste, corrupteur en morale politique et flatteur de d'Angoulême.

C'est Ouvrard dont je veux parler. Il a dit dans ses mémoires sur la guerre d'Espagne, « que la « nation espagnole appréciant les avantages de « la liberté, il fut nécessaire de corrompre les « chefs et les employés perfides et démoralisés. »

Et cette nation, qui a été victime, mériterait le nom injurieux de fanatique... ?

Est-il donc possible que les souvenirs des grands événemens dont l'Espagne a été le théâtre, aient été sitôt effacés ?

La révolution de 1820 a vu les temples déserts, le culte abandonné, les prêtres, pleins de terreur, redoutant le ressentiment populaire, les moines, eux-mêmes, déclamant alors contre les vices et les turpitudes du cloître ? partout se répétaient ces mots : « les prêtres sont « des charlatans qui sèment, en profanant le nom « de la Divinité, la déception et le mensonge ; « parasites insatiables qui recueillent sans pudeur « les fruits que l'homme ne doit qu'à de péni- « bles soins. »

Mais quand les Espagnols virent que le produit de la vente des biens ecclésiastiques, loin d'être profitable au peuple, devenait la proie des spéculateurs ; quand ils virent que les caisses publiques étaient vides, que tout était dilapidation ; que des prêtres irréprochables couraient les nues pour vivre d'aumônes; alors la fierté espagnole se révolta; alors se prononça la voix publique contre ces hommes qui parlant sans cesse de bienfaisance, ne calculaient qu'ambition et vengeance sous le masque de la justice et de la probité.

Tels furent les motifs de l'aversion qu'inspira le régime constitutionnel. Et l'opprobre dont se sont couverts des hommes égarés ou corrompus rejaillirait-il sur le peuple espagnol, digne en tout d'un meilleur sort, digne aussi d'occuper dans l'opinion des peuples une place autre que celle que lui assigne la calomnie, grande ressource de ces gens qui en font à leurs souillures un dernier vêtement ?

On n'induirait pas plus justement de ce qui précède que la corruption fut générale du temps des cortès. S'il y eut des dilapidateurs, il y eut aussi des patriotes qui firent de généreux sacrifices au maintien de la liberté. S'il y eut trahison et perfidie, il y eut aussi fidélité et dévoûment; s'il y eut des lâches et des imbéciles, il y eut des braves et des sages. S'il y eut des conspirateurs, il y eut aussi des martyrs; et ce qu'on devra en conclure, c'est que rien n'est plus préjudiciable au peuple que sa crédulité, et sa facilité à se créer des idoles dont le culte devient souvent funeste à celui de la liberté.

Ces observations, je le sens, aigriront sans doute ceux qui, non contens d'avoir ruiné la patrie, détruit l'esprit national, essaient de ressaisir le pouvoir, à l'aide de l'ignorance où se trouvent les étrangers à l'égard des affaires d'Espagne; mais j'ai du remplir un devoir utile, et éclairer mon pays sur les périls dont il est menacé dans la crise actuelle.

TROISIÈME PARTIE.

Moyen de renverser les obstacles qui s'opposeront à la liberté de l'Espagne, et d'éviter le mal présent, en prévenant le mal à venir.

Ayant fait l'exposé des obstacles qui s'opposeront à la liberté de l'Espagne, je me trouve dans l'obligation de chercher les moyens de les renverser pour parvenir ensuite à lui assurer sa liberté :

Les opinions, les passions, les cabales, sont en politique des valeurs représentatives, comme le sont dans le commerce les marchandises, les effets, et l'argent. C'est ce qui m'a fait entreprendre un rapport sur l'état de l'Espagne, avant de traiter de ses moyens de régénération ; et j'ai disposé la matière de sorte qu'il m'est possible de donner un résumé de tous les obstacles : vices, force, cabales, qui s'offrent à ma pensée ; moyen sûr d'éclairer ma marche, et de signaler avec justesse et précision tout ce qui peut être appelé obstacles.

RÉSUMÉ DES OBSTACLES.

Le Roi,

Le clergé,

Les méfians,

Les cabalistes.

Le Roi. Ce n'est certainement pas au pouvoir dont il est revêtu que l'ingrat Ferdinand doit d'avoir un certain nombre de partisans; mais, en effet, aux iniquités de la faction qui s'étant emparée de la révolution de 1820, se rendit, après le 7 juillet, l'arbitre du sort des Espagnols, et fit de si profondes blessures au corps social; partisans que le respect, la vénération, ne porteront point à se ranger auprès du trône; mais qui n'y seront conduits que par des souvenirs de haine excités par ceux-là et contre ceux-là mêmes qui iront le renverser.

Que les libéraux épurent donc leurs rangs; que les noms des fripons, traîtres, intolérans, cabalistes et dilapidateurs disparaissent de la liste des patriotes, et l'on verra que les partisans du roi, assurés d'une union patriotique, seront les premiers à abattre le monument de la tyrannie. Il ne restera plus au roi que sa légitimité fantastique qui bientôt tombera d'elle-même, lorsqu'on aura percé cette vérité, que les événemens de Paris ont clairement démontrée : que c'est le peuple qui distribue les couronnes, et que la force et la volonté du peuple les maintiennent, seules, sur le front des rois. Pourrait-on d'ailleurs avoir oublié que Ferdinand se révolta contre l'autorité paternelle; qu'il félicitait Napoléon, a chaque échec éprouvé par les troupes espagnoles; qu'il signa une alliance contre le vœu de la nation ; qu'il souleva l'armée contre les lois de l'état; qu'il sacrifia ses plus braves et dévoués serviteurs ; qu'il s'est constamment fait un jeu du parjure : non, le peuple s'en souvient ; et honteux de vivre sous un roi indigne de lui, il le bannira, lui et les siens, l'expulsera lui et son infâme dynastie.

Le clergé. Ses biens : sont des vols faits à la société par l'injustice et la déception.

L'injustice. On peut appeler ainsi les donations des rois qui prenaient aux Maures ce que les Maures avaient pris aux Espagnols. Et comme il est évident que le sol espagnol, si j'ose parler ainsi, n'était pas une importation africaine; de là l'injustice d'en faire la confiscation.

La déception : ce sont les clauses (clausulas) testamentaires arrachées au lit de mort du riche, épouvanté de visions infernales et des menaces et suggestions ecclésiastiques.

On voit donc que les biens du clergé sont la légitime propriété du peuple, volé de toutes les façons. Par cette raison, ils doivent retourner au peuple, et non à la dette publique ni au gouvernement, comme le firent par leurs cabales les cortès. (1).

Une si immense richesse qui donnait l'influence et le pouvoir au possesseur des 4/7 parties du territoire, passera rapidement au peuple qui se trouvera libre de faire preuves de ses opinions, et à même de se passer d'un vil salaire pour conquérir de la gloire et de l'indépendance.

Mais le clergé, diront mes lecteurs, emploira ses économies à défendre sa propriété territoriale; comment neutraliser ces ressources? Par un moyen bien simple. Que les libéraux étrangers aident aux libéraux d'Espagne, pour qu'ils ne soient point à charge aux peuples au moment de faire la révolution; et en quatre jours le triomphe sera décidé, car le peuple dira : « Le « clergé veut nos services et offre de nous les

____

(1) Que les acheteurs des biens et les porteurs des bons des Cortès ne conçoivent aucune crainte, leurs créances seront honorablement acquittées.

« payèr pour défendre l'immensité des richesses
« qu'il nous a prises, et « les libéraux combat-
« tent pour nous les rendre. » Le parti à prendre par le peuple ne doit pas être douteux; et
le clergé, se voyant sans assistance, sera
obligé d'envoyer ses moines et ses prêtres au
combat; en supposant que cela arrive, j'espère
que le résultat en sera nul.

Le clergé a encore une surnaturelle et invisi-
ble force : la religion. C'est quelque chose, je
l'avoue; mais la nation n'est pas assez ignorante
pour croire que les hommes ministres de l'é- -
glise sont la religion. Le peuple aime la religion
catholique, parce que c'était la religion de ses
pères : qu'on lui fasse connaître que la religion
naturelle était celle de ses premiers parens, et
on le verra réfléchir sur le droit qu'a chaque
homme d'examiner les vices des religionnaires.
Alors les prières, les menaces, les espérances éter-
nelles et tous les ressorts du clergé, seront re-
gardés comme intrigues et tromperies pour
prolonger son existence mondaine; les illusions
se dissiperont, les fantômes disparaîtront avec
les ténèbres, et le clergé sera obligé de prendre
la fuite, ne pouvant reparaître qu'avec la restauration de la vraie religion de Jésus-Christ,
qui fut le modèle de la pauvreté, de la modération, de l'indulgence et du libéralisme.

Méfians. — Le roi et le clergé une fois dévoilés, il ne reste opposés aux libéraux que les méfians, et ces gens ont droit et raison de combattre à mort contre ceux qui s'imagineront conquérir au lieu de régénérer. Sacrifier biens, honneur et vie pour plaire aux machiavélistes, n'est pas du caractère espagnol : qu'on offre la concorde et qu'on la garantisse, et personne ne se montrera l'ennemi de la gloire de l'état.

Les cabalistes sont seuls à craindre; et s'il faut les combattre, il n'y a que la force individuelle de chaque Espagnol qui puisse les précipiter dans l'abîme.

Les cabalistes sont ceux qui trompent tous les partis, toutes les opinions, pour tout envahir. Leur manière d'agir est la suivante.

Les cabalistes se font merveilleusement aux circonstances et jouent tous les rôles dans la perfection. Ils ne hasardent jamais un propos qui puisse les rendre suspects à aucun parti, et ne donnent jamais comme venant d'eux-mêmes aucune opinion ou projet qu'ils ont conçus; ils mettent même toujours leurs plus légères pensées ou plaisanteries sur le compte de quelqu'un, et de cette manière ils renoncent à la gloire de l'esprit pour le faire servir aux jouissances du corps. Les cabalistes sont de vrais

caméléons, changeant sans cesse et prenant les couleurs des objets les plus proches ; aussi est-il difficile de les reconnaître. A de si grandes précautions ils réunissent une finesse extrême pour s'introduire et se rendre nécessaires. Langage d'une modération extrême, grande prudence dans les conseils, bonne foi facilement invoquée, restrictions ménagées avec art, sont des ressorts bien ajustés, qu'ils savent faire jouer avec avantage. Ils prennent bientôt position. Et comme en temps de paix et de concorde ils se verraient bientôt exposés à l'investigation publique, et aux justes atteintes de gens plus habiles et plus probes qu'eux, ils se retranchent derrière les mécontens que produit chaque réforme, et obtiennent le titre de clémens. Alors la renommée fait résonner partout leur modération et leur justice ; et aisément ils acquièrent la faculté de faire et défaire à leur volonté, attribuant à la malveillance de leurs adversaires les mauvais résultats de leurs calculs. Ces gens sont extrêmement dangereux, difficiles à connaître, et seraient même indestructibles si l'expérience ne nous avait pas fait connaître ; « qu'ils ne doi-
« vent leur force qu'au discrédit où tombent,
« sans motif ni raison, les patriotes et les
« gens plus éclairés qu'eux. » Et ce discrédit

n'est pas autre chose que « le résultat de la *grande Cabale des cabalistes*, » qui n'opèrent qu'en marchant sur des ruines.

Les cabalistes d'une manière sûre et prompte, déversent la calomnie sur quiconque leur porte ombrage; voici leurs moyens d'agir.

1°. Ils ne disent jamais de mal de personne en public.

2°. Ils prônent sans mesure les actions même indifférentes de ceux qu'ils se proposent de sacrifier.

3°. Ils défendent ouvertement qu'on parle mal d'autrui chez eux.

4°. Ils recherchent les amis de leurs adversaires, se plaignent à eux *avec réserve* de l'injustice des opinions de ces derniers, et finissent par se faire un mérite de la modération qu'ils déploient en n'accablant pas leurs ennemis de *l'évidence*. On demande inutilement des explications aux cabalistes sur *l'évidence*; ils gardent le silence, et se couvrent du masque de l'indulgence. Cela produit son effet : les amis de la victime commencent à s'alarmer et finissent par douter de sa pureté.

5°. Les cabalistes confient en secret à quelqu'un de leurs plus dévoués partisans un fait supposé dont tout le poids porte sur la personne de la victime; le dévoué partisan confié à son tour ce secret à un de ses amis, celui-ci le communique à d'autres et peu de jours après déjà la calomnie a pris toute la consistance d'un fait. La victime succombe sans apercevoir la main qui l'a frappée.

6°. Les cabalistes font état de l'*évidence* des bruits publics qui, à la faveur de la calomnie qu'ils ont déversée, circulent contre leurs victimes; en forment un corps d'accusation, et portent ensuite le coup mortel (1) sans crainte ni péril.

7°. Enfin, les cabalistes, qui mettent tout à profit, tirent de grands avantages des sociétés secrètes; parce que, si c'est dans la leur, ils ordonnent de perdre tel ou tel ; former des

---

(1) C'est ainsi qu'on sacrifia Riégo, après que ses efforts héroïques eurent donné la liberté à la patrie. Riégo en 1820 alla à Madrid après le triomphe de la constitution. Le peuple l'y traita en héros, et les cabalistes qui s'étaient déjà emparés des terres du gouvernement, conçurent des craintes et de l'envie : ils calomnièrent ; et au sein du congrès (des Cortès), *on présenta un livre qui ne fut pas ouvert*, et qu'on disait contenir les pages d'évidence contre Riégo : Riégo devint victime et la liberté fut perdue.

requêtes; adresser des félicitations, ou des pétitions à volonté : si c'est une *société opposée*, ils corrompent, séduisent, obtiennent les secrets et gagnent les opinions de leurs ennemis ; c'est ainsi que nous avons vu marcher l'intrigue en Espagne; c'est ainsi que la faction liberticide a su consolider le pouvoir dans ses mains.

Or, si c'est par les sociétés secrètes, et par une astucieuse réserve, que les cabalistes parviennent à amener le désordre et la désorganisation de la société, il n'y a pas à ce mal de remède plus efficace que la formation d'une société publique où les devoirs que la patrie et l'honneur imposent, soient remplis sans réunion ni serment.

Son titre est *Patriotisme* ; son réglement, *Vérité* : c'est-à-dire que tout Espagnol qui entend une médisance, est tenu d'en faire un rapport à l'incriminé et d'y signaler l'auteur. Par ce moyen la calomnie ne peut aller loin, et la honte est pour celui qui la verse.

Mais on m'objectera que de là viendront les duels, où le triomphe ne couronne pas toujours l'innocence. Non : il n'y aura pas de duels, parce que l'homme d'honneur ne doit pas se battre contre un homme vil ; et c'est un homme vil celui qui déchire un absent. La société, dans les intérêts de l'innocence, doit établir un tribunal (jury) spécial pour juger de la calomnie. Celui qui entendrait un propos infamant, serait obligé, par une loi de l'Etat, d'en informer la personne diffamée, qui se présenterait en demande ; et justice faite, ou l'accusé est coupable, ou l'accusateur est un calomniateur. Voici comme sans risque les *cabalistes* échoueraient dans leurs infernales intrigues, et la société n'aurait rien à craindre en tenant en honneur les dignes fils de la patrie

' Le plan que je viens de proposer est très exécutable, et j'ose affirmer que par ce moyen même, les *sociétés secrètes*, fussent-elles restaurées, ne serviraient qu'au bien de la civilisation et à la consolidation de la liberté.

Sagesse et union; voilà la vraie force des libéraux ; je me propose d'indiquer dans l'article suivant le moyen qui m'a paru le plus propre à leur garantir l'un et l'autre.

QUATRIÈME PARTIE.

✳✳✳

Projet de régénération glorieuse de l'Espagne.

La régénération de l'Espagne prendra date du jour où un soulèvement ou force *nationale* proclamera la liberté.

Régénérer : c'est mettre en harmonie toutes les parties du corps social, lui donner une forme, et lui assurer un mode d'existence.

L'harmonie ne peut venir que de l'accord, et l'accord social n'est autre chose que la concorde.

La forme, c'est l'ensemble des membres et des organes; de la régularité dépend la beauté.

L'existence d'Etat, c'est ce que dans l'homme on appellé vie, dont la fin est heureuse pour les uns, malheureuse pour les autres, et pénible pour tous ceux qui ont abusé de leurs forces. Et puisque dans les choses animées il n'y a pas vie sans ame, instinct, et intelligence, de même le corps social a son ame dans son gouvernement..., son instinct dans son caractère..., et son intelligence dans ses lois. Si le gouvernement n'est pas juste, le corps social souffre alors, comme l'homme dont l'ame est corrompue est condamné à souffrir. Une nation qui a le caractère dégradé, est comme l'homme qui méconnaît volontairement la voix de la raison, pour se plonger dans le vice, et qui privé de tout jugement, ne trouve que blâme et mépris. Et si les lois de l'Etat sont absurdes, le gouvernement est alors menacé de ce qui arrive à l'homme qui a le cerveau dérangé : on en a pitié et on s'en moque.

Telle est la vraie manière de considérer les Etats, et si tous ont de l'existence, ils n'ont pas tous le même gouvernement, le même caractère, et les mêmes lois : de là, donc, la différence entre les Etats heureux et les Etats malheureux. Celui de l'Espagne est aujourd'hui pitoyable : la condition de son bonheur est dans un changement total : ame, instinct, intelligence, il lui faut tout renouveler. Il doit sortir métamorphosé et vivace de l'obscure enveloppe que, comme la chrysalide, il a revêtue sous une première forme, et d'où s'échapperont avec lui les germes d'une nouvelle vie. La régénération de l'Espagne ne peut avoir lieu qu'à ce prix ; de tous ses gouvernemens successifs pas un ne lui offrant un modèle dont elle puisse se servir avec bonheur.

L'examen suivant doit en convaincre :

L'Espagne fut gouvernée, du temps de la république romaine, par des consuls dictateurs ; et les guerres civiles suscitées par César et Pompée ont laissé de trop tristes souvenirs des maux qu'a engendrés un pareil système de dépendance étrangère.

Du temps de Gondois, *Eurico* la convertit en monarchie, et les effets du despotisme et de corruption des monarques fut si funeste aux Espagnols qu'ils devinrent esclaves des Maures.

Du temps des Maures, l'Espagne fut florissante ; mais sa division en royaumes ne suivit que massacres et dévastation.

A l'expulsion des Maures, l'Espagne fut partagée en petits royaumes sous des rois de différentes dynasties, qui se firent une guerre continuelle, dans laquelle le peuple semblait un troupeau exposé sans cesse à la dent des loups.

La fusion des royaumes en une seule monarchie semblait devoir mettre fin aux guerres intestines ; mais la conservation des lois et *fueros* des provinces a donné lieu à des divisions et haines inextinguibles.

Les Cortès du royaume n'étaient pas propres à

faire fleurir les intérêts et la liberté du peuple; ils servaient seulement à légaliser le despotisme. D'une autre part, les Cortès par états (estamentos) ne sont qu'un corps monstrueux qui dévore le peuple sous son autorisation et avec son consentement, puisqu'il est composé du clergé, de la noblesse et des riches propriétaires : et comme on a déjà dit que le clergé possède 4/7 de la richesse, la noblesse 1/7, les *gratifiés* du roi 1/7, il ne reste au peuple que 1/7 de représentation. L'équilibre est donc perdu, et jamais les Cortès par états ne pourront faire le bonheur de l'Espagne.

La restauration de la constitution de 1812 et celle de 1820 ne serait ni utile ni légale. Elle manquerait d'utilité, en ce que l'expérience nous a prouvé qu'elle n'est pas convenable aux Espagnols, et qu'elle est pleine de vices et d'erreurs qui rendraient la condition du peuple extrêmement malheureuse. Et sa restauration ne serait pas légale, parce qu'en 1814 *elle fut déclarée illégitime* par une grande partie des députés dans leur adresse au roi et à la nation. De même qu'en 1823, les Cortès, à Cadix, autorisant le roi à aller avec un pouvoir absolu au milieu des ennemis de la constitution, déclarèrent nulle, de *fait et droit* (de hecho y derecho), la constitution.

Alors la constitution ne semble plus aux Es·pagnols qu'un système illégal, produit des circonstances. Comment pouvait-elle être utile avec les formes monstrueuses dont on l'avait revêtue en dernier lieu, et qui effrayèrent ceux-là même qui les lui avaient données? Et d'ailleurs la fausseté de son fondement sur la religion et sur la légitimité ne suffit-elle pas? Et que peut-on faire avec un code qui sanctionne toutes les erreurs? L'*article* illusoire, « que la souveraineté réside dans le peuple » suffirait-il? Non, sans doute, puisque l'expérience a prouvé que l'ordre d'élection des représentans du peuple ne pouvait pas tenir aux intérêts du peuple, toujours menés en esclave, et marchant un bandeau sur les yeux.

Est-ce donc à l'esclave aveugle de régenter la clairvoyante liberté! Et quel autre résultat avait le réglement des lois d'élection? Le peuple votait, mais il votait pour la formation d'électeurs, et ces électeurs nommaient les députés : par cette raison le peuple ne pouvait se donner un représentant qu'en recourant à la faction et à la cabale. Si son estime eût pu lui assurer son choix, c'est alors qu'il eût été souverain ; mais il ne fut que l'instrument des passions ; de sorte qu'en suivant la constitution, nous aurions vu la représentation nationale tantôt convertie en concile des évêques et prêtres, et tantôt en clubs démagogiques : le peuple demeurant également la proie du vainqueur. De l'extension de la loi d'élection jaillissait aussi une nouvelle source de calamités : « Nulle autre qualité n'est exigible pour être député que celle de citoyen. » De cette loi faisaient commerce ceux qui ne possédaient rien : ils n'avaient pas d'autre soin que de bien jouer le rôle de patriotes, et se faisaient nommer députés : ils jouissaient alors d'une pension (dieta) assez considérable pour qu'ils n'eussent pas à redouter de voir arriver la fin de leur rôle : craignant de retomber dans la détresse, ils devenaient partisans du pouvoir ministériel, afin de s'assurer des places à remplir en cessant d'être députés.

Le despotisme s'accrut ainsi, afin de terrasser les patriotes; et si le système constitutionnel eût duré, nous aurions vu quelque chose de piquant : les députés *faire la chasse* aux hommes en places, pour en avoir de vacantes à obtenir.

Il est donc bien prouvé que le passé n'a rien à offrir à l'Espagne pour sa régénération. Il faut nécessairement quelque système convenable à l'ensemble des membres du corps social; et, tout bien compté, ce système ne peut être que celui des républiques fédérées, chaque province espagnole ayant son langage, ses coutumes et ses mœurs distincts. Et ce mode de gouvernemens partiels imprimerait une force considérable au gouvernement central directeur, composé d'une diète dont les députés de chaque province seraient les élémens constitutifs. Ce gouvernement directeur aurait pour président un roi pris dans une dynastie aimée et préférée des hommes libres. Enfin, on ne peut donner vie à l'Espagne, qu'en rendant au peuple l'exercice de ses droits, lui laissant l'examen et la discussion des lois; en s'en remettant au peuple des contrats et obligations, du paiement des dettes et de la garantie des personnes et des propriétés.

Ainsi l'ame et le corps seront en harmonie : ainsi seulement l'Etat pourra marcher vers un avenir de gloire et de prospérité.

Mais pour arriver à obtenir ces avantages, il faut une *force - mère*, qui puisse abattre et relever. Cette puissance en régénération prend le nom de *force dirigeante;* mais le déploiement de cette force ne peut être arbitraire, les droits sociaux inscrits au pacte fondamental de la famille doivent lui imprimer le sceau de la justice et de la légitimité. Ainsi donc la

plus délicate opération, qui tende au boulever-
sement d'un système, est la formation d'un
principal organe en rapport avec les parties
combinées dans un but de régénération. Et
comme je n'ai jamais lu ni entendu dire rien
qui indique comment on doit agir dans un tel
cas, de là l'obligation pour moi de recher-
cher avec un caractère de justice et de légitimité la régularité nécessaire.

Développement.

L'Espagne, gardée par une faction furieuse,
est sous la main de fer d'un tyran. Ses habitans
sont privés du droit de prendre part à la créa-
tion du pouvoir constitutif de leur liberté.
Ce pouvoir, donc, doit s'organiser à l'extérieur;
mais à l'extérieur doivent le former les seuls
Espagnols exilés.

On m'objectera « que les Espagnols du dedans en faisant une révolution, trouveront ce
pouvoir en eux-mêmes. » Je ne le nie pas; seulement, je ne parle pas d'une révolution faite,
mais d'une révolution à faire, sous la conduite
de la justice et de la raison, et avec l'appui de
la légitimité. Et il est clair que le patriotisme
espagnol le plus exalté *en dedans du cercle du*

despote, ne peut pas (avant qu'une révolution éclate) placer sur un pavois légitime un pouvoir *directif* de régénération sociale. Car quel moyen de trouver au milieu de satellites la sympathie de l'opinion ? Comment connaître et recueillir les suffrages à donner pour l'élection de l'*organe ?* Sera-ce au grand jour, ou dans l'ombre? Au grand jour! la pensée seule est un crime!.... Dans l'ombre! le choix serait-il impartial?

Voilà donc quels sont les dangers de toute élection d'organe au centre d'un peuple opprimé; et quoiqu'on ait toujours entendu applaudir l'insurrection populaire qui triomphe, on n'en voit pas apporter moins de scrupule et de défiance dans l'examen de la légitimité du pouvoir *directif*. Grecs, Romains, et modernes en fournissent des preuves dans leurs révolutions.

L'esclave veut la liberté, sans doute, mais agira-t-il heureusement au dedans, s'il ignore ce qui se passe au dehors? Certainement non; et moins encore quand le temps où l'homme faisait à lui seul le despotisme, est passé; le despotisme a marché si vite qu'il est maintenant systématisé. Le tyran meurt, la tyrannie survit.

Il faut, je le répète, abattre et réédifier; autrement l'on ne verra que ruines et confusion:

et même le succès dût-il couronner de tels efforts,
les titres de légalité du système n'en subiraient
pas moins l'examen des hommes d'état, et le
moindre défaut deviendrait une nullité qui y
apporterait le trouble. La légitimité d'un système de gouvernement tient à la société comme
l'arbre à ses racines; et les racines d'un gouvernement sont ses installateurs; et ses installateurs, à leur tour, sont ce même pouvoir
directif, créé par la force-première, par la puis-
sance-mère. Or si la force-première générative
du pouvoir est un ensemble de membres libres,
ces membres libres ne seront jamais subju-
gués.

Le philosophe et l'homme vulgaire considè-
rent identiquement ces choses : je puis donc
exposer ici cette opinion, qui est la mienne :
que les Espagnols fugitifs seuls doivent créer
le pouvoir *directif* de la régénération de leur
patrie.

Alors les Espagnols vrais amis de la liberté et
qui ont à cœur le bonheur de la patrie, « doivent s'imposer le devoir » de former une union
intime, et de faire choix des membres qui de-
vront former le pouvoir *directif* de la subversion
et reconstruction du système susdit de gouvernement.

On dira peut-être que cette faculté réside dans les membres des assemblées des cortès, réfugiés; mais cette opinion me paraît être si dangereuse par son absurdité même, que je dois la combattre incontinent : les dernières assemblées de cortès de 1823 avaient cessé, leurs pouvoirs étant limités à la seconde législature; c'est-à-dire que ces députés étaient nommés *représentans* du peuple pour les années 1822 et 1823. Et cette dernière année écoulée, ils n'ont évidemment pas conservé de droit rétroactif aux mêmes pouvoirs; surtout s'étant séparés sans avoir rempli l'obligation qu'ils avaient jurée : « de *représenter* en Espagne et *sous des* « *formes constitutionnelles* les droits et les besoins « du peuple. » Ajoutons à cette illégalité le discrédit où les avait jetés la trop coupable faute : « d'avoir méconnu le mandat de leurs commettans, » et l'on sera bientôt convaincu qu'ils n'ont ni plus ni moins de droits que les autres Espagnols fugitifs; qu'ils n'ont au contraire, relativement à ceux-ci, que le désavantage de la faiblesse dont ils ont fait preuve en remettant le roi aux mains des étrangers, venus pour abattre une constitution qu'ils avaient, eux cortès, juré de défendre. Qu'ils y prennent garde ! Ils n'abuseront plus désormais le monde. Et s'il leur est donné encore

de reconnaître leur erreur, qu'ils viennent prendre rang parmi les libéraux en attendant, s'il est
possible, que de nouveaux pouvoirs leur soient
confiés.

Il est donc bien démontré que la *force-pre-*
mière n'est autre chose que l'accord des Espagnols délivrés de l'oppression inique du gouvernement actuel de l'Espagne. Se réunir, s'expli-
quer, s'entendre; est-ce donc si difficile? Ne
serait-ce point assez de la volonté d'un seul,
qui s'adressant à ses compatriotes, leur dirait :

« Espagnols, notre patrie réclame nos efforts.
« Un pouvoir *directif* nous manque, qui puisse
« assurer nos pas; mais nous devons craindre de
« blesser les prétentions, de remuer les passions
« de tant d'hommes de mérite; nous devons, dans
« un cas si difficile, ménager avant tout l'amour-
« propre ombrageux. L'ordre seul produira
« d'heureux suffrages. Voici les règles que je
« propose d'établir :

« L'âge et la supériorité de grade seront les
« conditions nécessaires à l'éligibilité des mem-
« bres qui doivent composer le directoire.

« Il y aura donc, par l'âge et la supériorité de
« grade :

« Pour la guerre : le lieut.-général VILLALBA ;
« la justice : ROMERO ALPUENTE ;
« les finances : TORRES ;
« la législation : FLORES ESTRADA.

Il est indubitable que des choix entièrement
libres n'auraient point désigné d'autres noms
que ceux qu'ont amenés les conditions susdites, parce que, représentant les différens
partis libéraux, ils donnent à l'union les garan-
ties qu'elle réclame.

Après que des signatures auront été recueil-
lies, et s'il en résulte une majorité approbative,
on en donnera incontinent connaissance aux
élus, qui seront tenus de se constituer en pouvoir *directif*, représentant les Espagnols réfugiés.

Mais que doit faire ce pouvoir directeur ?

Se rassembler près des frontières, y former une
réunion légale et fraternelle de ceux qui, chassés
de l'Espagne, ont le droit de se constituer en famille et de réclamer contre l'oppression qui depuis long-temps pèse sur le pays. Le gouvernement français ne peut s'opposer à la fixation de
ce pouvoir directeur sur ses frontières ; surtout

d'après la déclaration solennelle des puissances de ne point intervenir dans les démêlés intérieurs des peuples avec leur gouvernement; déclaration qui, selon le droit des gens, et dans la neutralité qu'elle exprime, laisse à tout homme la liberté de servir les intérêts de sa patrie, à quelque distance qu'il s'en trouve éloigné, en quelque lieu qu'il soit. Et en admettant que cette déclaration ne soit pas illusoire, il est incontestable que les jours des tyrans seraient comptés, si les gouvernemens voisins, en donnant asile aux fugitifs, ne les empêchaient d'user légalement de leurs droits. Or, la légalité veut qu'en conséquence du principe de non-intervention adopté par les puissances, le chargé d'affaires d'un gouvernement, et l'exilé, puissent jouir du même privilége d'inviolabilité. Donc, si ce chargé de pouvoirs achète au nom de son gouvernement fusils, canons, poudre, etc., de même en aura nécessairement le droit le particulier auquel les exilés auront confié une mission pareille.

Mais que les gouvernemens libres facilitent aux gouvernemens despotiques des emprunts onéreux à leurs sujets esclaves; qu'ils les laissent faire des achats et des approvisionnemens d'armes, qui ne doivent leur servir que d'instrumens d'oppression; et qu'en même temps ces gouvernemens libres s'opposent au libre déploiement des facultés, à l'exercice légal des droits des réfugiés, voilà ce qui serait encore bien plus coupable que n'est inique et exécrable le gouvernement de Ferdinand.

Il ne s'élevera point en France, je l'espère, de voix qui méconnaîtra le motif qui m'a guidé dans l'expression de mon opinion. J'ai parlé à la France glorieuse et libre, sous un roi qui veut continuer sa gloire et maintenir ses libertés. Je lui ai parlé de tyrannie et de servitude, elle s'est souvenue et m'a compris. Généreuse, elle plaindra l'Espagne; heureuse, j'envie son bonheur pour mon pays.

POST-SCRIPTUM.

Je crois devoir me dispenser d'indiquer la marche à suivre par le pouvoir directif des réfugiés Espagnols, ne voulant pas qu'on puisse me prêter l'intention d'imposer des règles à ceux qui doivent me commander. Quoi qu'il en soit, cette retenue cesserait du moment où cela deviendrait nécessaire à l'union de ceux par qui et de ceux pour qui doit s'opérer la régénération de l'Espagne ; entreprise où il ne faut pas moins rejeter énergiquement les services des traîtres, que savoir pardonner aux faibles, et porter des coups assurés et mortels aux ennemis stupides de cette régénération.

Nous certifions: que le Colonel D. Nicolas de Santiago y Rotalde, pendant la guerre de l'indépendance contre Napoléon, fut constamment le premier aide-de-camp du Capitaine Général (Maréchal) D. Francisco Xavier de Castaños, tant pendant son commandement dans les armées, que pendant la Régence du Royaume; et dans toutes les époques il a joui de la confiance de son Général, de l'éloge de ses chefs, et de l'estime de ses compagnons.

Londres, 1er décembre 1828.

José Ma. de Torrijos
General Español emigrado.

Albramon v. Villalba
Tent.e General

Pedro Mendez de Vigo
General Español emigrado

Fernd.o v. Butron
Gral. r Cav.a

Felipe Bauza
Brigadier

José Ma. Peon
su Ayud.te Gral
Español emigrado

Jph. d Castellar

General Esp.l

J. Lopez Pinto

M Espejo
Cap.n v. Cab.

Nic.s Miniussir

J. Torgeta

Cesar Tournelle
Comand.te de Escuadron de Caball.a

Coronel emigrado.

Manl. de Seusse
Cor.l que Gen.l que sirvio en Artill.a

Carlos Espinosa

Joaquin de Sanviesteban
Coronel Emigrado

Nous certifions: que par notoriété publique; le Colonel Don Nicolas de Santiago y Rotalde aux qualités d'intelligence, bravoure et point d'honneur; reunit Patriotisme et dévouement libéral à la défense des droits du peuple; tellement qu'en 1820, dans l'espoir que le soulèvement de Riego en faveur de la restauration Constitutionnelle se fortifiât et s'agrandît avec la prise de Cadix, il fit dans cette Place une révolution avec les plus grands efforts, et par cette si périlleuse entreprise, montra son ardeur patriotique et sa bravoure militaire.

Londres, 1er décembre 1828.

Alvaro Florez
ex. diputado Estrada

Juan Mart. de Arejula
Director general de Estudios

Juan Romero

Alpuente
Ex-diputado

Max.n Medrano
tente de Rey de la
Plaza de Val.a

Jose Cano a Argüelles
Ex-Secretario de Estad y del Despacho de Hac.da y Diputado en Cortes

Miguel del Riego

Juan Palarea
Ex Diputado y
Brigadier

Ant.o Puigblanch

Ex-diputado.

J. A. y Mendizabal

Evaristo San Miguel
Ex Secretario del
despacho de Est.o

Comerciante
Fran.co Valdes

N.s de Minuissir y Torgeta

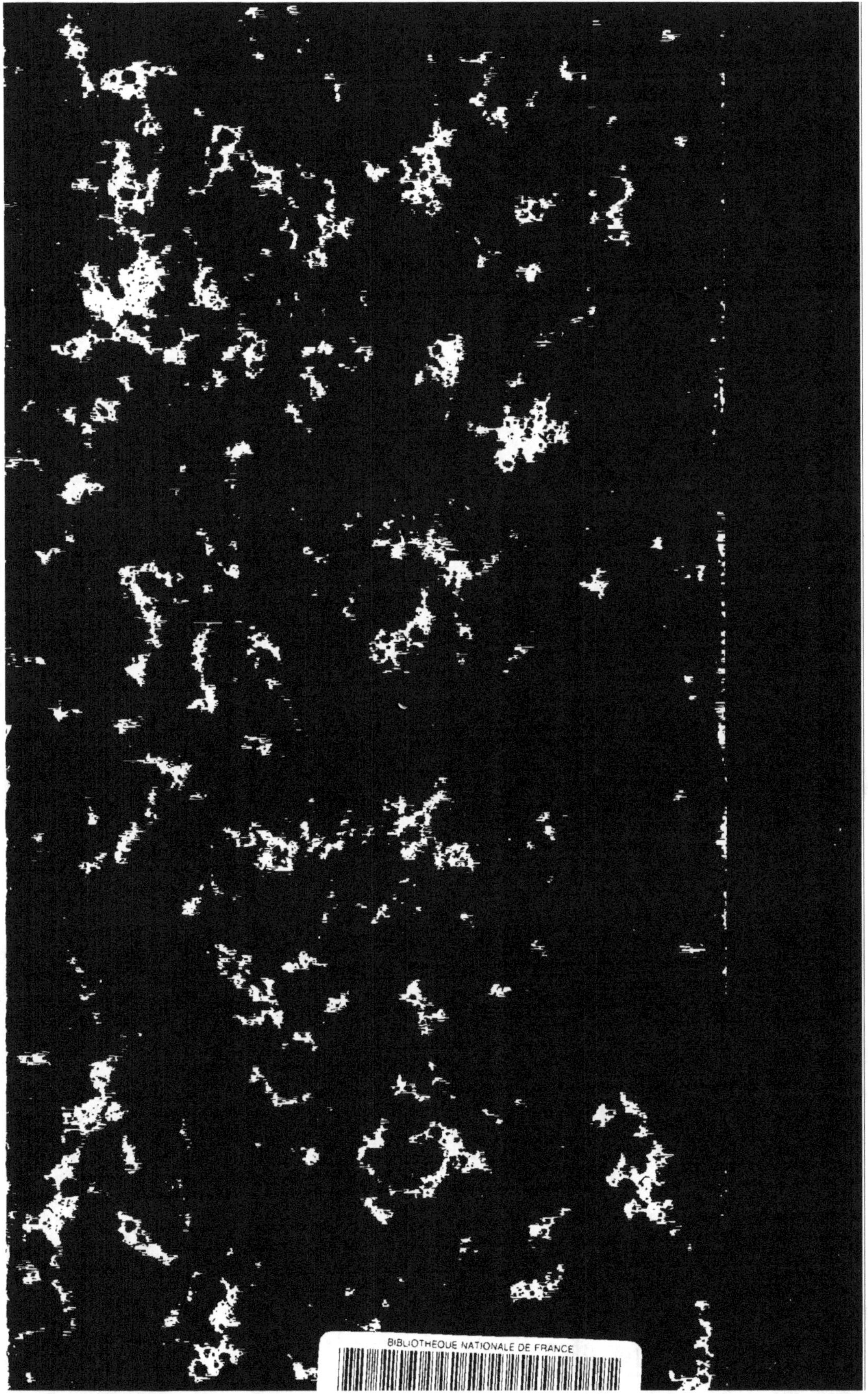